LE CŒUR EN FILIGRANE

Lydia Montigny

Le cœur en filigrane

Lorsque l'Amour pose son empreinte

© 2018 Lydia Montigny

Edition : BoD - Books on Demand
  12/14 rond-point des Champs Elysées
  75008 Paris
Imprimé par BoD – Books on Demand, Norderstedt
ISBN : 978-2-**3221-0859-6**
Dépôt légal : **Décembre 2018**

Elle est là... Elle s'attache
T'agrippe, te colle sans relâche,
Te dessine à la gouache
Sa paix telle une Apache
Que jamais rien ne fâche,...
Elle t'envahit, te fascine,
Dans le bleu de la nuit dessine
La douceur étoilée de sa houache,
Elle te surprend par son panache,
Par son jeu de cache-cache,
De ton regard ne se détache
Et dans ton cœur se cache...
Elle voulait que tu le saches
La poésie dangereusement attache...

Je ris de regarder le soleil qui m'éblouit
Tu ris en voyant l'enfant qui te sourit
Il rit dans un éclat de mille rires
Nous rions comme des fous de ces fous rires
Vous riez même jusqu'aux larmes
Ils rient de bonheur, de plaisir...

Ne me dis pas
Qu'il existe un ailleurs
Où la vie a la couleur
D'un Champagne rieur
Aux bulles en cœur

Ne me dis pas
Qu'il y a dans tes mains
Un trésor clandestin
Volé à un rêve mutin
Dans le matin cristallin

Ne me dis pas
Que tu tatoues mon corps
D'arabesques d'or
Quand, sous la lune encore
Lascivement je dors

Ne me dis pas
Que ce jour-là…
Ou plutôt si, dis-moi,
Dis-le moi, une seule fois
Alors la vie… Sera…

De la porte du Silence
Je garde la clef...
Mais cette porte n'est jamais
Jamais fermée...

LES GIRAFES DANS LA NEIGE

Bouleversant, bouleversé,
Le monde roule sur la foule
Il se mutile, inutile...
Et son sang rouille
L'absurdité coule
L'infini s'écoule
Les rats tendent des pièges
Aux hommes hallucinés
Par leurs folles idées,
Les girafes dans la neige
Partent en de longs cortèges
Les ours dans la savane
Parlent des arcanes
Des paradis aériens
D'un enfer terrien...
Où va le monde, blessé
Blessant, trépidant, trépassé
Trébuchant, trésor d'antan...
Les girafes dans la neige
Avancent lentement
Dans ce monde tout blanc
Parées de leurs doux florilèges...
Où va ce monde indescriptible
Voire impoésible ?...

A toujours croire
Que l'on peut rester invaincu
On oublie le goût
De la Victoire...

PAIX...

Dans la Paix
Il n'y a plus de souffrance
De pensée offensante,
La peur a disparu,
Le temps ne compte plus..

La quiétude est là
Docile et ronde aria,
Horloges et clochers
Se sont arrêtés
Laissant l'éternité
Devenir un été ;
Dans cet air presque chaud
Le vol des oiseaux
Suivra les arcs-en-ciel
Au pays des merveilles.

La violence ne sera guère
Qu'une erreur d'hier
Et dire qu'on fait la guerre
Pour cette Paix exemplaire...

.../...

.../...

Dans la Paix
Renait la liberté
Comme un tendre bouquet
D'étoiles et de sérénité.
La beauté de son âme
Sourira dans le calme
La Paix sera un jour
Notre ciel de Toujours...

SANS REMORD

Je n'ai que l'amertume
D'avoir dans cette brume
Perdu trop de temps
A vouloir contrer le temps

Je n'ai que le regret
De ne pas avoir serré
Mes poings plus fort
Contre la mort

Je n'ai pas le remord
De croire en toi encore
Si la vie a ses secrets
L'amour en est la clef...

Puisses-tu comprendre un jour
Qu'il n'est de vie sans amour
Qu'il n'est de nuit sans velours
Ni de mort sans retour

Puisses-tu un jour comprendre
Que du bonheur, l'on puisse dépendre
Que de l'espoir, l'on ne veuille se défendre
Que le temps est là, à nous le faire comprendre

QUI ES-TU ?

Qui es-tu
Toi qui vis
Dans les pages
D'un livre oublié ?

Où vas-tu…
D'une poésie
A une rêverie,
Egaré dans l'obscur
Du désir pur,
Vers un ailleurs promis,
Sur un banc, assis ?

Que fais-tu
De me lire
De pleurer et de rire ?
Je ne suis pourtant
Que des mots
De soleil et de vent

…/…

…/…

Entre tes mains
Sur ce banc
Mais j'adore l'instant
Où je croise ton regard
Dans l'amour que tu lis
Maintenant…

Un âne sur la dune
Marchait au clair de lune
Et les étoiles une à une
Devinrent en son cœur une fortune...

Il parait que le temps...

Il parait que parfois...

Serait-ce ce "longtemps"
Passant là, simplement,
Ou bien quelques accents
Adorables et charmants,
Volant deci delà
Et se posant souvent
Sous tes yeux d'enfant ?
Mais je sais qu'à l'instant
Où tu liras cela
Tu seras près de moi...
Ne bouge plus le temps
D'aimer tant ce moment...

LE SOURIRE ?...

C'est une fenêtre de l'âme
Un bonheur qui s'exclame

Un soupir d'apaisement
La force du vent dormant

C'est partager cette joie
Qui s'échappe de moi

Un clin d'œil à t'offrir
Pétillant dans un rire...

D'une larme nait un sourire
Et le soleil vient t'éblouir...

Il hurle dans l'hiver
Comme un loup dans la lumière
De la lune éclatante...
La légende le hante...
Il va, parcourant les plaines...
Glacées par la haine,
Traversant les torrents
Puissants et tourbillonnants,
Il ne s'arrête pas,
Le sommeil n'existe pas...
Il a des mots et des regards
Terrassant le blizzard,
Il a la force et la douceur
C'est le Courage... Quelle splendeur !

A tout inventer,
On oublie la couleur du passé

A tout espérer
On invente le parfum d'une idée

A tout créer
On espère l'amour d'une seconde, d'une éternité…

A la vie si fragile
Frêle et fine brindille,
A la force de rester
Debout sans vaciller,
De regarder devant...
Arriver l'ouragan,
A tous ces mots dits
Sages ou maudits,
A ces silences stupéfaits,
De se comprendre, si parfaits,
A ces gestes si doux
Que la violence rend fous,
A ces mains qui se lacent,
A ces corps qui s'enlacent,
A la mort qui s'efface
Quand l'amour lui fait face,
A ces éclats de rire aussi
Qui étoilent ma vie,
A toi, simplement ici
Je dis... Merci...

SENTIMENTALE

Dans le règne animal
Seul l'Homme est infernal,
Sa démesure mentale...
Son avenir expérimental
Deviendra fatal,
Sa vie, machinale...
Son bonheur idéal
S'évanouit dans l'intersidéral...

Pardon de n'être que sentimentale...

Dans mes bras
Dans mes mains
Dans mes doigts
Je serre parfois
Ton reflet contre moi

De mon corps
De mes jambes
De mes pieds
J'ai besoin de fuir
Comme le soleil de mourir

Dans mon cœur
Dans ma voix
Dans ma vie
J'ai besoin de toi
Juste besoin de toi

QU'IMPORTE

Qu'importe
La couleur du vent
La chaleur du sang
Coulant dans tes veines
Courant dans la plaine...

Qu'importe
La douceur du temps
L'hiver, le printemps
L'infiniment grand
De ce présent absent

Qu'importe
Les accents bondissants
Trainants ou soulignant
Les mots que tu me dis
L'essentiel est cet hymne à la Vie

J'erre dans cette poésie
Légère de la vie
Les mains ouvertes pour donner
Un sens aux mots fragiles
Aux virgules graciles
Aux majuscules habiles
Et d'un battement de cils
Tout s'envole dans la brise
Avant que tu ne le lises…

... O !...

Il était une lettre O
Qui dormait bien au chaud...
Le soleil vient lui sourire...
La voilà qui s'étire !
O ! Le bel X !
(Et non l'obélisque
Pas plus qu'Obélix
Mais quel beau réflexe !)
Un peu de gymnastique
Pour parfaire son oblique :
M, K, Y, W, S, Z ! Fantastique !
Pire qu'un élastique !
Mais le chat la scrutait
Ses moustaches frétillaient :
D'un bond il a sauté
Et ainsi l'a capturée...
Alors depuis ce jour
Le chat dort bien au chaud
Ronronnant son amour
Avec sa lettre O...

Pourquoi la douceur de la pluie
A le parfum du paradis ?

Pourquoi le tourbillon du temps
Rend fou les horloges et lui ment ?

Pourquoi la force de tes bras
Se fait tendre rumba ?

Pourquoi penser à ton sourire
Dans le paradis de tes désirs ?

Seul l'amour sait le dire...

HASARD

Il fait doux
Dans le soir...
Je caresse le hasard
D'un regard filou
Et frôle du bout des doigts
Ton cœur qui bat.
Je tisse en pas de danse
Les mots que tu penses
M'étire comme une aile
Et devient étincelle,
M'allonge sur ton corps
Intense et fort...
Il fait nuit
Il fait jour
Le hasard s'enfuit
Au rendez-vous de l'amour...

SI TU CROIS UN JOUR...

Si tu crois un jour
Que les routes s'en vont
D'un Hier vers Toujours
Et de leurs jolis ponts
Enjambent les torrents
De leurs pierres de mille ans

Si tu crois que la neige
Ne tombe qu'en hiver,
Que le blanc de son piège
Egare les prières
Et les pas dessinés
Dans la poudre glacée

.../...

…/…

Si tu crois un jour
Que je n'existe pas
Que les mots restent là
Accrochés au néant
Alors viens, viens maintenant
Les lire dans mes yeux,
Dans mon cœur amoureux

Si tu crois en ce jour…

A vouloir être fort
On oublie la fragilité,
A vouloir être grand
On oublie l'humilité,
A vouloir être parfait
On oublie la légèreté....

Je veux marcher face au vent
Sans ouragans dans le corps
Je veux courir vers ton rire
Me jeter dans tes bras en croix

Je voudrais me souvenir
De ce bonheur simplement,
De cet instant-là,
Un instant si fort
Et beau tant il est fragile
Un instant si grand
Apprivoisé avec douceur

Un instant parfait
Qui ressemble à l'éternité...

CONJUGUER LE BONHEUR

J'euphorie
Tu ris
Il désire
Nous chansons
Vous ravissez
Ils enchantement

LE SILENCE...

Tout un état, une science
Ce n'est pas une absence
Il nous dit ce qu'il pense
Non par désespérance
Ou pure désobéissance
Mais par sa distance...

Le silence,
C'est aussi la confiance,
Un jour de chance
Ou de démence,
Une tolérance
Presque une croyance...

Il nous laisse sans défense,
Sans défiance,
Ou se fait délivrance
Sans extravagance,
Et devient bienveillance
Muette alliance,
Le silence ?... Quelle élégance !...

Dans le prisme du bonheur

Il y a mille couleurs

Mille lueurs, mille douceurs

Et au milieu, il y a ton cœur...

Tu poses tes yeux
Sur la page blanche
Les mots se dessinent
Et sagement se rangent
Sur les lignes bleues
Sous les ailes des anges...
Ta plume se penche
Saignant l'encre de Chine,
Les gouttes d'ébène
Coulent de mes veines...
L'encrier s'est rempli
De milliers d'idées,
La nuit s'est vidée
De sommeil, de mon lit...
Tu poses ton doigt
Sur ma bouche close
Le sourire de ta prose
Nait sur notre page... là

UN MOT

D'un mot
A un autre
Vas savoir où s'en va
Cette vie
Ou une autre…

D'une main
Dans ta main
Vas savoir où s'en va
Cette vie
Qui est nôtre…

Alors dis un mot
Ou un autre
Je n'écouterai pas,
Le temps n'existe pas
L'amour est là…

Face à face
Les regards fondent
Au silence de mots,
Les cœurs se tordent
Dans la sagesse du monde

Dos à dos
Le vide fait peur
Aux cieux sans bonheur
Et les pas immobiles
Vers l'abîme, vacillent

Corps à corps
Mon âme est dans tes yeux,
Miroir de mes aveux,
Et ton sourire murmure
Le trouble de ton cœur
Naissant dans le bonheur
D'un face à face pur
C'est notre cœur à corps

Tôt dans le jour
Tard dans la nuit
Le présent reste le Paradis
Où les astres sont ceux de l'amour…

VULNERABLE

La force et la faiblesse ?
C'est un juste équilibre.
J'accepte que l'on me blesse
Parce que je suis docile
Et mes sentiments forts.

Si les heures fracassent
Le cristal de mes mots,
Je reste sans ombre, sans faux
Le courage en drapeau,
Et je hisse bien haut
Le bonheur d'être vrai.

Nul besoin de masque
De frusque, de carapace,
Le nu sera l'émotion,
Intime et pure sensation,
L'audace du vulnérable
Viendra me transformer,
Et de cet amour sensible
Je resterai captive…

MATINEE

Je me réveille
Tu ouvres les yeux
Il bâille
Nous nous étirons
Vous retirez le drap
Elles se rendorment !...

FEERIE DE NOEL..

Dans un grand sapi
Je poserai des étoiles blanches
Des guirlandes à ses branches,
Quelques rubans multicolores
Et des boules pailletées d'or.
A minuit, j'imaginerai
Que le monde est en paix
Et Noël va briller
Sous les chants émerveillés...

Au pied du grand sapin
Je laisserai une lettre
Que tu liras peut-être...
Le cœur au bord des yeux
Comme un petit enfant
Qui voit Noël en blanc,
Tu feras mille vœux...
J'en réaliserai un seul, silencieux
A minuit, dans ce Noël mystérieux...

SURPRISE

J'aime la surprise
Subtilité exquise
Te prenant au dépourvu
Stupéfait, ému...

Elle voit l'herbe qui pousse,
La douce lune rousse,
Attrape l'ombre fugace,
Lâche le verre qui se casse...

Elle est dans ce nuage
En animal tout rond,
A la porte de la cage
Ouverte d'une chanson...

La surprise fascine
Dans l'étonnement sublime
D'une larme naissante
Ou d'une main tremblante.

.../...

…/…

La surprise t'attache
Même si les mots se cachent,
Et je rougis encore
De les lire dans ton cœur…

PERE NOEL

Dans le matin pale
Le froid se givre
Sur les dernières fleurs,
Délicatesse opale
Que le soleil délivre
De sa douce chaleur...
L'hiver va taire les ruisseaux,
Se cacher les oiseaux,
Et la neige de son manteau
Fera Noël plus beau !
Alors je marcherai doucement
Sur cette Terre ronde
Pour offrir à chacun
Du bonheur pour mille ans !
Que vienne ce matin
La paix sur notre monde...

Dans le vol de l'aigle

Il y a

Le sens du vent

Le sens du sang

Le sens de la Vie

DOUCEMENT

Comme une brise
Dans l'été bleu,
Une cigale grise
Au chant soyeux

Comme l'édredon
Si doux, si rond
Où ronronne la tiédeur
D'un sommeil sans heurt

Comme ta main qui glisse
Vers l'adorable supplice
Et le silence gourmand
De tes bras me serrant

Comme une lueur
Brillant de candeur
Je pose ce baiser tendrement
Sur ton rêve… doucement…

La mélancolie
restera
cette larme
que tu as fait naître
dans cette nostalgie

LE COURAGE

C'est un manteau de neige
Qui recouvre le passé perdu
D'un silence défendu

C'est ouvrir dans l'indifférence le piège
Sans peur, sans confondre
Là où ton pas s'effondre

C'est courir sans rien
D'autre que le regard au loin
Dans l'air glacé du matin
Quand tu n'as plus rien

C'est croire encore
Toujours plus fort
A ce rêve qui t'éblouit
Tu ris, et dis "oui"

                         .../...

.../...

C'est l'abandon de soi
Le calme que l'on respire
La vérité comme un empire
Que je soulève... Pour toi...

SANS DOUTE

Douter de soi ?
Pour qui ? Pourquoi ?
Se remettre en question,
En quel nom ?

Qui es-tu « on » ?
Quelle est LA question ?
Tu réponds un « non »
En guise de discussion
Mais c'est un « oui »
Qui a raison…

Tu déclares un « oui »
Plein d'hésitation,
Qu'advient-il du « si ? »
Qui remet tout en question ?
La vérité aussi
Se nourrit de raison

…/…

…/…

Douter de soi
Sans savoir pourquoi ?
Du doute, méfie-toi…

Sans aucun doute, je crois en toi…

Au milieu de nulle part
De cet immense espace,
Il est ce pur hasard
Du moment très fugace
Où j'ai croisé ton regard.
Le destin, quelque part,
Nous a saisi à jamais
Dans sa seconde d'éternité...

SUR LE CLAVIER

Je pianote sur la plage
Do ré sol si fa
Et j'écris sur la page
Dé té aile effe ka...

Les yeux dans les étoiles
Mes doigts croisent l'astérisme
Les lettres brillent sur la toile
Telles de grandes astérisques...

Je pianote dans la mer
Comme un vieux loup de mer
Diantre ! Les lettres à l'envers
M'ont fait les doigts tout verts...

.../...

…/…

Je pianote sur un clavier
Noir et blanc tout grinçant,
Je pose sur le papier
Des mots imaginés,
Des coquillages dorés,
Des lettres t'imaginant
Lire cette partition…
Merci, trois points de suspension…

DESSINE-MOI

Dessine-moi un sourire
Pour cacher cette larme
Qui, dans un grand vacarme
Coulera dans un soupir

Dessine-moi un sourire
Nu de mélancolie,
Mais fleuri de folie
Des désirs de la vie...

ELLE ATTEND

Au bord de l'abîme
Les bras en croix
Les mains dans le vide
Les yeux fermés
Dans son silence intérieur

... Elle attend...

Elle entend le vent
Huant tout ce temps
Sempiternel néant
Qui se comble parfois
D'un n'importe quoi

... Elle attend...

Elle sent l'odeur des fleurs
Mouillées de rosée
Des mousses, des baies de douceur
Cachées dans les haies
Des fruits mûris au soleil

... Elle attend...

        .../...

…/…

Elle perçoit si près d'elle
Le vol du grand aigle
Qui frôle de ses ailes
Son âme pure et gracile
Et pour l'éternité, lui tend…

… Elle attend…

DISPARUE

Je t'ai vue naître
Au creux de mes mains,
Puis grandir
Sous un souffle certain...
Un jour peut-être
Après l'horizon,
Tu éclateras de rire
Dans un dernier soupir,
Ma jolie bulle de savon...

MELANCOLIE

Sur le fil de la nuit
S'effile l'ennui,
Sur l'ombre de la vie
La lune me suit...

Quelle est douce la pluie
Sur la rive endormie,
Et le vent qui s'enfuit
Vers ce jour béni...

Je reste immobile
Sans un battement de cils
Les yeux posés au loin
Sur l'horizon chagrin.

.../...

.../...

Tendre est la mélancolie
Comme un ultime repli,
Nostalgie attachante,
Lourde et larmoyante,
Les mots se délient du délit
Sur le fil de la nuit...

Un poème ?...

Un autre ! Pas le même ?
Quel dilemme !...
Il n'a nulle chaine
Juste des rimes en M
Qui se promènent
Et se sèment
Au gré d'un requiem…

Un poème ?...

En lettres d'ébène
A l'encre de mes veines
J'écrirai des centaines
De pages pleines,
Mais, j'en suis certaine
Mon poème suprême
Sera celui que tu aimes…

DANS MON CŒUR

Mon âme s'est perdue
Dans ce monde inconnu,
Ce pays d'errances
De naïveté, voire d'ignorance…

Mes pieds ont marché
Dans la poussière dorée,
Ont couru et trébuché
Sur les chemins escarpés,
Ils ont même nagé
Dans les vagues salées…

Mes mains se sont serrées
Pour implorer et prier,
Elles se sont dépliées
Ouvertes pour donner,
Pour aider et remercier…
Ces mains où j'ai pleuré…

…/…

…/…

Mon cœur s'est défendu
Du silence absolu
Et rêve de briser
La prison de la liberté…
Je te laisse y rentrer
Et te protègerai
Mon tout, ma vie, mon cœur
Dans le battement du bonheur…

Vieillir...
C'est effacer tendrement
Sur le miroir des années
La personne que l'on était
Les rêves que l'on a faits
Sans regret...
Et puis,
C'est regarder la Vie
Les yeux dans les yeux
Voir la personne que l'on est
Les rêves que l'on a réalisés
Et ceux que l'on espère encore
Avec l'amour, si fort
Et lui sourire
Toujours, et doucement vieillir...

J'ai peur
De la nuit qui étale
Son sombre voile
Endormant la nature
Et les ombres impures ;
Seul le cri du hibou
Semble tellement doux...

J'ai peur
De la colère qui s'empare
De ces gens et s'égare
Dans leurs paroles folles :
La rage les immole.
La haine et la violence
Palissent dans l'indifférence...

J'ai peur
De la furie des hommes
Guerriers de leur royaume
Sans soif ni faim
Ils imaginent que demain
L'idiome universel
Sera seulement industriel

.../...

…/…

J'ai peur
Des couleurs qui s'enfuient
De l'insomnie, du mépris,
Des pages déchirées
Des fleurs coupées
J'ai peur que l'amour meure
Et le silence taise nos cœurs…

J'aurais aimé
Danser comme un papillon
Voleter en quelques bonds
Et me poser sur ton menton

J'aurais aimé
Peindre à la gouache
Sur la mer que l'orage fâche
Un bateau sans attache

J'aurais aimé
Etre tout un univers
Mais je ne suis que ton imaginaire
Libre comme l'air…

ADORABLE BOREALE

    La vie de la Vie
C'est l'aurore australe
Au pays de la nuit
Avec le « V » de la victoire
Le « i » de notre histoire
Et le « e » de ce nœud
Nouant un amour de cristal
A ce ciel boréal

SOUVENIR D'HIVER

C'est une longue allée
D'un parc abandonné
Par les pas trop las
De promeneurs glacés
 Par l'hivernal frimas.
Les bancs désertés
Attendent, immobiles,
L'écureuil agile
Ou cet oiseau esseulé.

Le vent glisse en sifflant
Mêlant les gris et les sombres
Comme un artiste de l'ombre
Invisible des passants.
Une feuille remue
Tel un souvenir ému
Essayant de respirer
Un peu de clarté.

L'hiver frissonne encore
Et le parc s'endort

J'ai hâte
D'apprendre à lire
Les lettres de l'alphabet
Dans les étoiles de la voie lactée

Alors,

Tu m'apprendras
À écrire
Tes silences apprivoisés
Tes sourires volés
Avec la plume de la douceur
Sur la page de ton cœur…

CHASSE A COEUR

Je chasse vers le néant
Les paysages impatients
Noirs et irradiants,
L'obscurité où le vent
S'engouffre, s'essouffle
Et geint... Il souffre
De cauchemars stagnants
Dans l'orage des nuits,
De tous ces grognements
Sourds, lourds et lents.

Je chasse d'une tempête de rire
Eclaboussante, rayonnante,
Comme une vague s'étire,
Sublime déferlante,
La douceur de la blessure
Qui sur ma peau, murmure...

.../...

…/…

Je chasse à coup de soleil
De nuages et de ciel,
De lune m'ensorcelant,
De ce bleu m'émerveillant,
Ce rêve pour qu'il devienne
La réalité magicienne…
Alors je graverai le bonheur
En initiales dans un cœur…

RETENIR L'INACHEVE

Le temps s'est faufilé par la porte
Discrètement, faisant en sorte
Qu'on ne le remarque pas...
Je ne le chercherai pas...

Le temps reste inachevé
Et je me suis agrippée
Aux lueurs du matin
Comme s'il n'y avait plus rien

Plus rien, juste un hier
Rodant comme un vent d'hiver,
Juste un passé estompé
Par la pluie de la destinée

Le temps se glisse par la fenêtre
Il reviendra peut être
Je voudrais voir scintiller demain
Dans le creux de tes mains...

FLAMME DE L'ESPOIR

Elle est ce feu, cette lumière
Réchauffant ta prière
Comme une simple vérité,
Un chemin d'une rare beauté...

Prends soin de ta petite flamme
En veillant qu'elle ne te condamne
En s'éteignant à jamais
A sombrer dans l'obscurité...

L'ESSENTIEL

Dans mon sapin de Noël
J'ai mis du soleil
Des clochettes dorées
Des guirlandes sucrées.
Un écureuil est venu
Déposer sur le sol moussu
Une pomme de pin
Et des fleurs de jasmin.
Un oiseau a accroché
Des soupirs et des clefs
Egarés par le vent.
Mais manque l'essentiel :
Elle est là-haut dans le ciel,
Près de la lune d'or ...
Cette nuit, j'irai la chercher
Cette étoile, ce trésor,
Et sur ton cœur la poserai...

JE TE DONNE...

Je voudrais avoir deux jambes
Pour marcher à travers les temps
Sauter par-dessus les mers
Et courir vers toi

Je voudrais avoir deux bras
Pour te serrer contre moi
Te porter quand tu seras las
Te caresser du bout des doigts

Je voudrais tant t'offrir
En soleil, en couleurs et en rire,
Mais je n'ai qu'un cœur...
Je te le donne plein de bonheur...

Juste avant cet instant
Il n'y avait rien…

J'ai posé mon crayon
Sur la feuille de papier
Et son joli sillon gris
L'a dessiné…
Le premier mot est né !
Je vais le faire vivre, l'animer
Pour que tu puisses le lire
Le déguster, t'en souvenir,
Pour qu'il puisse t'emporter
Au pays de ces rêves
Où les origamis
Naissent en forme d'un cœur…

OSMOSE

Comment vivre en osmose
Dans ce monde qui oppose
La vérité, aux portes closes,
L'espoir, aux tristes causes,
Le désert que l'on arrose ?...

Nous sommes peu de chose
Sur cette Terre grandiose
Mais la folie a son apothéose,
La furie coule d'une overdose...

Comment vivre en osmose
Pour que l'Amour enfin explose
Et se répande en milliers de roses ?
Alors la Paix serait osmose
Avec le temps bloqué sur « pause »....

Elle a jeté une pierre
Dans la rivière
L'eau glacée
A éclaboussé
Son miroir argenté
Son image sans tain

Elle a essuyé
Cette larme de la main
Et a jeté son regard
Dans l'immense hasard
De cette vie où tu n'es pas
Où tu viendras

Elle a peint de soleil
Ses rêves où tu t'éveilles
Et cueilli les étoiles
Tendres et musicales
Elle est sentimentale
Et d'un amour abyssal…

DESORDRE

Dans le désordre des choses
Tout s'ordonne et se pose...
C'est l'oiseau sur son rameau
Récitant Balzac puis Rimbaud
L'abeille qui s'émerveille
Au temple du soleil
Car les fleurs sont plus belles
Que celles de Corneille...

Regarde sur l'océan !
Le bateau ivre est blanc
La petite sirène
Chante « coule la Seine... »
Dans ce désordre illustre
Erre, se mêle et s'incruste
Mon amour vertigineux
Que ce désordre est harmonieux !

. Livres précédents :

- *Dans le vent* (VII 2017) BoD
- *Ecrits en amont* (VIII 2017) BoD
- *Jeux de mots* (VIII 2017) BoD
- *Etoile de la Passion* (VIII 2017) BoD
- *As de cœur* (XI 2017) BoD
- *Pensées éparses et parsemées* (XI 2017) BoD
- *Le Sablier d'Or* (XI 2017) BoD
- *Rêveries ou Vérités* (I 2018) BoD
- *Couleurs de l'Infini* (II 2018) BoD
- *Exquis Salmigondis* (V2018) BoD
- *Lettres Simples de l'Etre simple (VI2018) BoD*
- *A l'encre d'Or sur la nuit (IX2018) BoD*
- *A la mer, à la Vie (XI2018) BoD*